AF335861

L'ORACLE
DE LA
PVCELLE
d'Orleans.

PROPOSE' AV ROY, LE
*Dimanche treziefme de Iuillet; où
font defduites les Royalles
aduentures de fa
Majefté.*

A PARIS,

De l'Imprimerie D'ANTHOINE DV BRVEIL,
ruë S. Iacques, au deffus de S. Benoift,
à la Couronne.

M. D C. XIV.

L'ORACLE DE LA
Pucelle d'Orleans.

Proposé au Roy, le Dimanche treziesme de Iuil-
let ; où sont desduites les Royalles aduen-
tures de sa Majesté.

SIRE,
Ce n'est pas icy vne Oracle,
tel que celuy de la Prestresse
d'vn faux Apollon, lors que grosse
du Demon qui la possedoit, ayant la
couleur pasle, les yeux esgarez ça &
là, les cheueux herissez , & tout le
mouuement du corps furieux ; elle
proferoit sur le trepied certaines pa-
roles equiuoques , & si ambigues,
qu'il falloit tousiours vn interprete,
pour les rédre intelligibles & claires,

A ij

Ce n'eſt point encore vne prediction fabuleuſe, & qui promette des choſes impoſſibles, comme celle de la Sybille de Cumes; ou des euenemens incertains, & tels que ceux qui ſont attribués par Lucian, aux preſtiges de l'impoſteur Alexádre. Mais c'eſt bien pluſtoſt vn veritable preſage, & vn teſmoignage aſſeuré de voſtre future grandeur. Car s'il eſt ainſi que des antecedens on tire les conſequences de l'aduenir, il ne faut pas douter que les merueilles qui ont eſté predittes de voſtre vie ſont infallibles, & qu'vne partie d'icelles eſtát deſ-ja reüſſie, elle cófirme la creáce que nous mettons ſur les heroïques aduantures, que tout le monde attend de voſtre valeur.

Les courages braues & genereux, dict vn Poëte, engendrét touſiours leurs ſemblables, & iamais les Aigles inuincibles ne font voir le iour à des

Coulóbeaux paoureux & sans cœur.
Vous estes fils, S i r e, du plus grand
Prince de l'Vniuers, de qui la valeur
doit viure eternellement en la bou-
che des hommes, comme incomparable , & digne d'estre reueree par
tous ceux qui viendront apres nous.
Aussi pouuons-nous bien dire de V.
M. qu'elle est l'Aigle dont l'aspect a-
greable est vn Soleil à soy-mesme, &
au Ciel de la France.

Vne Pucelle, Françoise de nation
& d'effect, (qui fit iadis pour la def-
fence de sa patrie, des exploits que
toutes les Amazones n'eussent peu
faire en vne semblable rencôtre, lors
que son bras armé d'vne force cele-
ste, repoussa les peuples du Nord,)
vous appelle ainsi, S i r e, pour mó-
strer que vous estes parmy vos subjets, ce qu'est l'Aigle entre les autres
oyseaux; & que vos armes victori-
euses doiuent faire des conquestes

esmerueillables aux yeux de tout le
monde. Voicy les vers, ou pour
mieux dire les Oracles qu'elle en
rend, qui font comme vn Epitome
de toutes vos aduentures Royalles.

Au grand Palais de la belle fontaine,
S'efclot vn Aigle, & fe baigne dans l'eau;
Puis s'efleuant au Chafteau de la plaine
Nõmé d'vn Sainct, il vole en fon vaiffeau.
Dedans Hereims la Royalle Cõurõne,
Orne le chef de ceft oyfeau vaincœur,
Et deffus luy diftile vne liqueur
(Prefent du Ciel) qui la force luy donne.

Il n'eft celuy qui ne voye à l'œil,
que dans ces huict vers la Pucelle
compréd les principalles chofes qui
font aduenuës à V. M. depuis fon
heureufe naiffance iufques à main-
tenant.

Par le *Palais de la belle fontaine*, où
l'*Aigle s'efclot*, elle entend voftre Cha-

steau Royal de Fontainebleau, l'anciéne retraitte des Roys Tres-Chrestiens vos deuanciers, où par yne grande grace du Ciel vous auez esté donné à la France, comme vn bel Astre durant le silence de la nuict; & en vn temps vrayement Alcyonien. Ce qui nous est vn presage certain d'vn Estat calme & paisible, soubs vostre regne.

Par ce demy vers, *& se baigne dans l'eau*, elle denote l'eau du sacré Baptesme de laquelle vous fustes arrousé cinq ans apres vostre naissance; auec toutes les ceremonies & les magnificences qui vous sont deuës, comme au Roy Tres-Chrestien, & au fils aisné de l'Eglise.

Nostre Sybille Françoise montre encore, comme V. M. fut depuis esleuée à S. Germain en Laye qu'elle appelle, *Le Chasteau de la Plaine nommé d'vn Sainct*, tát pour son agreable

ſituatió que pour exprimer le Sainct
dont il porte le nom.

A ces mots, elle adiouſte que ceſt
Aigle ainſi eſleué s'envole en ſon
Vaiſſeau ; c'eſt à dire, que V. M. ayát
paſſé ſes premieres annees à S. Germain, s'en vint depuis à Paris la Ca-
pitalle ville de ſon Royaume ; qui
porte pour armes vn Vaiſſeau, comme eſtát le Nauire de la France, con-
trelequel les tempeſtes n'ont point
de pouuoir, puis qu'il a pour gou-
uernail ce Royal nom de L o v y s.

Les quatre vers ſuiuans, démon-
trent le Sacre, & le Couronnement
de V. M. dás ſa ville de Rheïms, qu'elle nomme Hereims, par vne tranſ-
poſition des lettres. C'eſt-là, S i r e,
où vous auez reçeu la premiere Couronne de l'Vniuers, en l'vne des ce-
lebres Egliſes de routes la Chreſtié-
té ; aſſiſté des plus grands perſonna-
ges de voſtre Fráce. C'eſt là où Dieu
vous

vous a oingt, par la main de ses ser-
uiteurs de ceste huille de liesse, de ceste liqueur, qui ne se tarist iamais dãs
sa saincte Ampoulle, & de cest Elixir
de vie, qui affermit les courages des
Roys, & qui les arme de force cõtre
leurs ennemis.

Plusieurs euenemens grands en
apparence, & encore plus releuez en
effect, presagerent la fortune d'A-
lexandre. L'on tient que sa mere O-
lympias, estant enceinte de ce Mo-
narque, il luy sembla voir en songe,
que de son ventre sortoit vne vigne
qui s'estãdoit par toute la terre. No⁹
pouuõs dire le mesme de vos sacrez
Lys, Sire, dont les branches victo-
rieuses, autãt cheries, que redoutees
dans le monde, doyuent ombrager
vn iour ses plus loingtaines cõtrees.

Ceste mesme Pucelle, qui receut
du Ciel le don de predire les choses
futures, le confirme ainsi par l'Ora-

ele ſuiuant, où elle cõtinuë à couurir
ſous le nom de l'Aigle, la verité de ſa
prediction.

Ie voy deſ-ja ceſt Aigle magnanime
Auprés des murs de la Sainĉte Solyme,
Sur le Soleil du Perſan voltiger;
Briſer la corne au Croiſſant infidelle,
Raſer Memphis d'vn ſeul coup de ſon ælle,
Et tout ſoudain en Phenix ſe changer.

Qui ne voit que par ceſt Oracle,
elle promet à V. M. la conqueſte de
la terre Sainĉte: lors qu'ayant faiĉt
rebaſtir les murailles de Hieruſalem;
vous irez combattre le Sophy dans
ſon pays, ſuiuy d'vne troupe de Pal-
ladins Chreſtiens; & luy arrachant
des mains ſon enſeigne de guerre,
où il porte le Soleil pour deuiſe, le
rendrez tributaire à la triomphante
Banniere de la Croix? Vous en ferez
autant au Croiſſant, & à la ſuperbe

Cité de Memphis, qui sera contrain-
te de soubmettre son orgueil à vos
pieds.

Apres tant de genereuses conquestes, S I R E, lors que vous aurez
rangé sous le drapeau de la foy ce
peuple infidelle, nostre Sybille ad-
jouste que V. M. sera changée en
Phenix, c'est à dire que ses heroïques
actions la rendront immortelle, &
digne que la posterité la comble de
benedictions eternelles.

Voyla, S I R E, l'Oracle que nostre
Pucelle vous presente auiourd'huy,
pour vn tesmoignage des merueilles de vostre vie, & du zele qui nous
oblige à vostre seruice, comme vos
tres-humble subjets. Elle le puise és
viues sources de la verité, non dans
les fontaines Augurales de Castalie.
Le Genie qui l'inspire est François,
& tutelaire de vostre Couróne, pour
la defence de laquelle il a tousiours

combattu.

Le plus renommé de tous les O-
racles estoit celuy du Temple de
Delphes, où Apollon receut en don
des carreaux d'or, qui luy furent có-
sacrés pour des predictions ambigues. Vous estes nostre Apollon,
SIRE, dont les discours sont autant
d'Oracles qui nous asseurét de main-
tenir en Estat la concorde & la paix,
à laquelle V. M. doit bastir vn Palais
plus durable que ce magnifique Té-
ple d'érain, qui luy fut iadis voüé par
Cn. Flauius.

Ce mesme Dieu (disent les Poë-
tes,) se voyant mocqué par Cassandre, (à laquelle il auoit accordé le dó
de sçauoir l'aduenir, sur l'asseurance
qu'il se donnoit de receuoir d'elle,
ce qu'il auoit desia tiré de la Sybille
de Cumes,) pour se véger de sa per-
fidie, il voulut que ses predictions
fussent infallibles, pouruen que leur

euenemét semblât impossible à ceux
qui les escouteroient.

Nostre Cassandre Fançoise n'en
fait pas de mesme à vous, SIRE, qui
estes son Apollon. Son Oracle ne
promet rien à V. M. que l'effect ne
s'en ensuiue tout aussi tost. Et voyla
pourquoy nous tenons pour certai-
ne l'issuë qu'elle predit à vos Royalles conquestes.

Quelques vns ont voulu dire, plus
par flatterie, que par deuoir, qu'en
l'entree de Tybere dans Rome, vn
Soleil fut veu rayonnát sur son chef,
en formé d'vne Couronne. Mais
nous ne mentirons point, si nous
disons qu'à cét heureux iour, auquel
V. M. paroist dans sa ville d'Orleás,
elle est le Soleil leuant qui par ses
rayons eschauffe nos cœurs, & qui
par vn fauorable aspect, les remplit
tous d'allegresse.

La presence de V. M. SIRE, nous

est beaucoup plus chere, que n'e-
stoit le Simulachre de Pallas aux
Troyens, ny que cest autre Palla-
dium, qui fut consacré par Nicias à
la forteresse d'Athenes. Nous le re-
uerons tellement, qu'il nous est impossible de tourner nos yeux & nos
pensées ailleurs. Et tout ainsi que
Pyrrhus apprit du deuin Helenus
fils de Priam, que Troye ne seroit iamais prise, tant qu'elle garderoit la
statuë tutelaire de la Deesse Miner-
ue ; De mesme l'Oracle de nostre
Pucelle nous affermit en ceste crean-
ce ; Que nous serons tousiours inuincibles, tant que nous porterons
imprimee dans l'ame l'Image sacrée
de nostre Prince.

Le deuoir nous y oblige, SIRE,
outre que nous y sommes poussés
d'vne inclination naturelle, comme
vrays François, qui ne cherissons
rien tant, que le bien de nostre pa-

trie, la conseruation de l'Estat, & la prosperité de vostre Royalle personne.

Pour vn plus ample tesmoignage de ceste affection, nous marquerons de blanc (à l'imitation des Anciens) ceste heureuse iournee, pour laquelle le Ciel nous à reseruès, afin de voir l'entrée de nostre Roy dans sa ville. Nous grauerons encore ces mots en lettres d'or, sur vne table de Marbre, qui seront autant de marques de nostre zele à la posterité.

LOVYS XIII. sacré seurgeon des Fleurs de Lys, Roy tres-Chrestien, fils aisné de l'Eglise, Prince incomparable, l'Amour du Ciel, & les delices de la terre, reçoit le veritable Oracle de la Pucelle d'Orleans, en l'an 1614. le quatriesme de son regne; & le douziesme de son âge fleurissant.

FIN.

www.ingramcontent.com/pod-product-compliance
Lightning Source LLC
LaVergne TN
LVHW010120060726
842524LV00005B/1638